유아인형극 제작 포트폴리오

허수향 著
(송곡대학교 유아교육과)

학 교	
학 과	
학 번	
이 름	

[머 리 말]

인형극은 전통적으로 유아들이 선호하는 공연 및 놀이로 대중적으로나 학술적으로 꾸준한 관심과 활용이 되어온 장르이다. 교실에서 교사가 손인형을 끼고 유아들과 상호작용하면 유아들의 반응은 확연히 호기심, 흥미, 관심도가 증가됨을 경험할 수 있다. 유아들의 관심뿐만 아니라 인형극의 가치는 여느 공연 예술과 마찬가지로 문학, 미술, 음악, 행위, 공학 등의 여러 학문적 결합이 종합적으로 어우러져 하나의 작품이 완성되는 통합적 장르라는 점이다. 21세기 융·복합시대에서 유아교육을 담당할 예비유아교사들에게 통합적 교육활동이 더욱 중요하게 요구되고 있다. 유아교육에서 시행하고 있는 주제중심 통합과정은 교과 간 통합과 교과내 통합을 효과적으로 운영하도록 제시한다. 이에 필자가 예비교사 양성과정에서 인형극 제작 공연을 수년간 지속하면서 예비교사들의 성취감, 보람, 열정 등을 보며 긍정적인 효과를 경험하였다. 정미경·강미희(2005), 이명숙(2013)의 연구에서 예비교사의 인형극 공연 경험은 교수활동 효능감 및 자아인식에 긍정적인 역할을 했음이 제시되었고, 하주일(2013), 신재한, 남궁정도, 김유, 박성수, 조준범, 이영미, 한주연(2013)은 초등학생 대상이지만 STEAM교육으로써 인형극을 연구하여 융·복합 교육에 효과적임을 제시하였다.

이와 같이 인형극 제작 공연은 예비교사와 학습자에 모두 긍정적인 교육내용이자 방법이 될 수 있는 장르라고 판단할 수 있다. 이런 예비교사 양성과정의 인형극 제작 공연 경험을 일회성으로 지나보내는 것이 아니라 체계적인 기록과 교육적 연계를 정리하여 하나의 프로젝트 활동과 같이 결과물을 도출하면 더욱 교육적 효과가 있기에 본 저서를 제작하게 되었다. 본 저서는 예비교사들이 본인들의 인형극 제작과 공연에 대한 단계별 기록을 통해 교육적 의미를 찾아나게 하는 것이 목적이다. 이렇게 작품을 기록하고 정리한 결과물은 이 자체로 교사양성과정의 포트폴리오로 기능을 할 수 있게 하는 것이 또 다른 목적이다.

본 저서를 활용하여 예비교사들이 자신들의 발전하는 모습을 확인하며 완성되어가는 유아교사로 발돋움하기를 기대한다.

2017년 1월 경천관 연구실에서 저자 씀.

유아인형극 제작 포트폴리오

[목 차]

머리말 3

목차 4

I. 작품 1	5	II. 작품 2	28
1. 기획	6	1. 기획	29
2. 역할분담	7	2. 역할분담	30
3. 대본	8-9	3. 대본	31-32
4. 디자인 단계		4. 디자인 단계	
인형	10-11	인형	33-34
배경	12	배경	35
대소도구	13	대소도구	36
5. 제작단계		5. 제작단계	
인형	14-15	인형	37-38
배경	16	배경	39
대소도구	17	대소도구	40
6. 완성 단계		6. 완성 단계	
인형	18-19	인형	41-42
배경	20	배경	43
대소도구	21	대소도구	44
배경음악 및 음향효과	22	배경음악 및 음향효과	45
7. 연습 단계	23	7. 연습 단계	46
8. 공연	24	8. 공연	47
9. 평가	25	9. 평가	48
10. 연계활동	26-27	10. 연계활동	49-50

Ⅰ. 작품 1

1. 기획
2. 역할분담
3. 대본
4. 디자인 단계
   인형
   배경
   대소도구
5. 제작단계
   인형
   배경
   대소도구
6. 완성 단계
   인형
   배경
   대소도구
   배경음악 및 음향효과
7. 연습 단계
8. 공연
9. 평가
10. 연계활동

유아인형극 제작 포트폴리오

1. 기획

　　기획은 인형극 제작 및 공연을 위한 사전 계획단계로 공연 대상, 작품주제, 인형극 종류, 역할분담을 정한다.

구 분	내 용
제작조명 (조원)	
작품 제목	
인형극 종류	
원작	
작품 주제	
제작 일정	

2. 역할분담

조원들 안에서 각자의 흥미와 재능에 맞게 제작단계와 공연단계의 역할을 정하여 협동 활동을 계획한다.

제작단계 역할분담		공연단계 역할분담	
연출		연출	
대본		대본	
디자인		디자인	
인형1 ( )		인형1 ( )	
인형2 ( )		인형2 ( )	
인형3 ( )		인형3 ( )	
인형4 ( )		인형4 ( )	
인형5 ( )		인형5 ( )	
인형6 ( )		인형6 ( )	
인형7 ( )		인형7 ( )	
인형8 ( )		인형8 ( )	
대소도구1 ( )		대소도구1 ( )	
대소도구2 ( )		대소도구2 ( )	
배경1 ( )		배경1 ( )	
배경2 ( )		배경2 ( )	
배경음악		배경음악	
음향효과		음향효과	
조명		조명	
기타 ( )		기타 ( )	

3. 대본

원작이 있는 작품은 유아대상 공연에 적합하게 각색을 해야 하고, 창작 작품일 경우 주제, 언어와 행동의 표현, 작품길이 등에 대해 유아의 발달적 특징과 흥미 등을 고려하여 제작해야 한다.

대본 1

대본 1

4. 디자인 단계

■ 인형

   작품의 디자인은 작품내용에 어울려야 하고, 등장하는 인형, 배경, 대소도구가 조화를 이루어야 한다. 등장하는 인형은 배우의 역할을 하는 가장 중요한 요소로 인물의 성격을 잘 나타낼 수 있게 디자인해야 한다.

인형 디자인 1

인형 디자인 2

4. 디자인 단계

■ 배경

　인형극 막을 구분하는 배경은 장면의 상황을 설명하는 중요한 설치물이다. 공연의 효율성을 위하여 너무 많은 배경은 오히려 공연이 어려우므로 배경을 최소화하여 제작해야 한다. 배경은 장면의 상황과 이야기를 담아야 하고, 인형들의 디자인과 조화를 이루어야 한다.

배경 디자인

4. 디자인 단계

■ 대소도구

이야기 진행에 필요한 대소도구를 적절히 활용해야 이야기가 명확히 전달되고 재미를 더할 수 있다. 각 장면 및 인물에 필요한 대소도구를 사실적으로 제작한다.

대소도구 디자인

5. 제작단계

■ 인형
  조 및 담당한 인형의 제작단계를 사진을 찍어 붙이고 상황에 대한 설명을 기록한다.

인형 제작단계 1	
설명	

인형 제작단계 2
설명

인형 제작단계 2

5. 제작단계

■ 배경

　조 및 담당한 배경의 제작단계를 사진을 찍어 붙이고 상황에 대한 설명을 기록한다.

배경 제작단계	
설 명	

5. 제작단계

■ 대소도구
　조 및 담당한 대소도구의 제작단계를 사진을 찍어 붙이고 상황에 대한 설명을 기록한다.

대소도구 제작단계	
설명	

6. 완성 단계

■ 인형
조 및 담당한 인형의 완성단계를 사진을 찍어 붙이고 작품에 대한 설명을 기록한다.

	인형 완성단계 1
설 명	

인형 완성단계 2
설명

인형 완성단계 2

6. 완성 단계

- 배경

　조 및 담당한 배경의 완성단계를 사진을 찍어 붙이고 작품에 대한 설명을 기록한다.

배경 완성단계	
설 명	

6. 완성 단계

■ 대소도구

  조 및 담당한 대소도구의 완성단계를 사진을 찍어 붙이고 작품에 대한 설명을 기록한다.

대소도구 완성단계	
설 명	

6. 완성 단계

■ 배경음악 및 음향효과
작품에 설정된 배경음악과 음향효과는 대본에 정확히 작성하여 첨부한다.

배경음악 및 음향효과

7. 연습 단계

작품 공연연습에 대한 장면을 사진으로 첨부하고 일정, 담당 역할 등을 간단히 기록한다.

연습기간		담당역할	

8. 공연

작품 공연에 대한 장면을 사진으로 첨부하고 공연 정보를 기록한다.

공연일자		공연장소	
담당역할		관 객	

9. 평가

작품제작 및 공연의 모든 일정을 마치고 모든 과정에 대한 평가를 한다. 준비, 제작, 공연에 대한 구체적인 내용으로 평가를 하고 이후 개선을 위한 대안을 제안한다.

평가일자		평가장소	
평가인원			

10. 연계활동

공연한 인형극의 사전, 사후 활동으로 연계할 수 있는 활동을 계획하여 작성한다.

	인형극 연계활동 계획안			
활동명		활동유형		
생활주제		소주제		
일시		활동대상		
목표				
누리과정 관련요소				
인형극 활동 연계성				
활동 자료				
활동과정	교 수·학 습 활 동			준비물 및 유의점
도입 (분)				

전개 (분)		
마무리 (분)		
평가		

Ⅱ. 작품 2

1. 기획
2. 역할분담
3. 대본
4. 디자인 단계
　　인형
　　배경
　　대소도구
5. 제작단계
　　인형
　　배경
　　대소도구
6. 완성 단계
　　인형
　　배경
　　대소도구
　　배경음악 및 음향효과
7. 연습 단계
8. 공연
9. 평가
10. 연계활동

1. 기획

기획은 인형극 제작 및 공연을 위한 사전 계획단계로 공연 대상, 작품주제, 인형극 종류, 역할분담을 정한다.

구 분	내 용
제작조명 (조원)	
작품 제목	
인형극 종류	
원작	
작품 주제	
제작 일정	

2. 역할분담

조원들 안에서 각자의 흥미와 재능에 맞게 제작단계와 공연단계의 역할을 정하여 협동활동을 계획한다.

제작단계 역할분담		공연단계 역할분담	
연출		연출	
대본		대본	
디자인		디자인	
인형1 (　　)		인형1 (　　)	
인형2 (　　)		인형2 (　　)	
인형3 (　　)		인형3 (　　)	
인형4 (　　)		인형4 (　　)	
인형5 (　　)		인형5 (　　)	
인형6 (　　)		인형6 (　　)	
인형7 (　　)		인형7 (　　)	
인형8 (　　)		인형8 (　　)	
대소도구1 (　　)		대소도구1 (　　)	
대소도구2 (　　)		대소도구2 (　　)	
배경1 (　　)		배경1 (　　)	
배경2 (　　)		배경2 (　　)	
배경음악		배경음악	
음향효과		음향효과	
조명		조명	
기타 (　　)		기타 (　　)	

3. 대본

원작이 있는 작품은 유아대상 공연에 적합하게 각색을 해야 하고, 창작 작품일 경우 주제, 언어와 행동의 표현, 작품길이 등에 대해 유아의 발달적 특징과 흥미 등을 고려하여 제작해야 한다.

대본 1

대본 1

4. 디자인 단계

■ 인형

작품의 디자인은 작품내용에 어울려야 하고, 등장하는 인형, 배경, 대소도구가 조화를 이루어야 한다. 등장하는 인형은 배우의 역할을 하는 가장 중요한 요소로 인물의 성격을 잘 나타낼 수 있게 디자인해야 한다.

인형 디자인 1

인형 디자인 2

4. 디자인 단계

■ 배경

　인형극 막을 구분하는 배경은 장면의 상황을 설명하는 중요한 설치물이다. 공연의 효율성을 위하여 너무 많은 배경은 오히려 공연이 어려우므로 배경을 최소화하여 제작해야 한다. 배경은 장면의 상황과 이야기를 담아야 하고, 인형들의 디자인과 조화를 이루어야 한다.

배경 디자인

4. 디자인 단계

■ 대소도구

이야기 진행에 필요한 대소도구를 적절히 활용해야 이야기가 명확히 전달되고 재미를 더할 수 있다. 각 장면 및 인물에 필요한 대소도구를 사실적으로 제작한다.

대소도구 디자인

5. 제작단계

■ 인형
  조 및 담당한 인형의 제작단계를 사진을 찍어 붙이고 상황에 대한 설명을 기록한다.

인형 제작단계 1
설명

인형 제작단계 2
설명

인형 제작단계 2

5. 제작단계

■ 배경

　조 및 담당한 배경의 제작단계를 사진을 찍어 붙이고 상황에 대한 설명을 기록한다.

배경 제작단계	
설 명	

5. 제작단계

■ 대소도구

조 및 담당한 대소도구의 제작단계를 사진을 찍어 붙이고 상황에 대한 설명을 기록한다.

대소도구 제작단계	
설명	

6. 완성 단계

■ 인형
　조 및 담당한 인형의 완성단계를 사진을 찍어 붙이고 작품에 대한 설명을 기록한다.

인형 완성단계 1	
설명	

인형 완성단계 2
설명

6. 완성 단계

■ 배경
조 및 담당한 배경의 완성단계를 사진을 찍어 붙이고 작품에 대한 설명을 기록한다.

배경 완성단계	
설명	

6. 완성 단계

■ 대소도구
　조 및 담당한 대소도구의 완성단계를 사진을 찍어 붙이고 작품에 대한 설명을 기록한다.

대소도구 완성단계	
설명	

6. 완성 단계

■ 배경음악 및 음향효과
　작품에 설정된 배경음악과 음향효과는 대본에 정확히 작성하여 첨부한다.

배경음악 및 음향효과

7. 연습 단계

작품 공연연습에 대한 장면을 사진으로 첨부하고 일정, 담당 역할 등을 간단히 기록한다.

연습기간		담당역할	

8. 공연

작품 공연에 대한 장면을 사진으로 첨부하고 공연 정보를 기록한다.

공연일자		공연장소	
담당역할		관　　객	

9. 평가

작품제작 및 공연의 모든 일정을 마치고 모든 과정에 대한 평가를 한다. 준비, 제작, 공연에 대한 구체적인 내용으로 평가를 하고 이후 개선을 위한 대안을 제안한다.

평가일자		평가장소	
평가인원			

10. 연계활동

공연한 인형극의 사전, 사후 활동으로 연계할 수 있는 활동을 계획하여 작성한다.

인형극 연계활동 계획안			
활 동 명		활동유형	
생활주제		소주제	
일시		활동대상	
목 표				
누리과정 관련요소				
인형극 활동 연계성				
활동 자료				
활동과정	교수·학습활동		준비물 및 유의점
도입 (분)				

유아인형극 제작 포트폴리오

전개 (분)		
마무리 (분)		
평가		

에듀컨텐츠·휴피아
CH Educontents Huepia

유아인형극 제작 포트폴리오

저 자 | 허수향 著

발 행 처 | 에듀컨텐츠휴피아
발 행 인 | 李相烈
발 행 일 | 초판 1쇄 • 2017년 2월 17일

출판등록 | 제22-682호 (2002년 1월 9일)
주　　소 | 서울 광진구 자양로 30길 79
전　　화 | (02) 443-6366
팩　　스 | (02) 443-6376
e-mail　 | huepia@daum.net
web　　 | http://cafe.naver.com/eduhuepia
만든사람들 | 기획•김수아 / 책임편집•이지원 김보경 유현주
　　　　　 디자인•김미나 / 영업•이순우

정　　가 | 7,000원
I S B N | 978-89-6356-197-4 (93370)

※ 책의 일부 또는 전체에 대하여 무단복사, 복제는 저작권법
　 에 위배됩니다.